42 HANDS MANTRAS OF AVALOKITESVARA COLORING BOOK

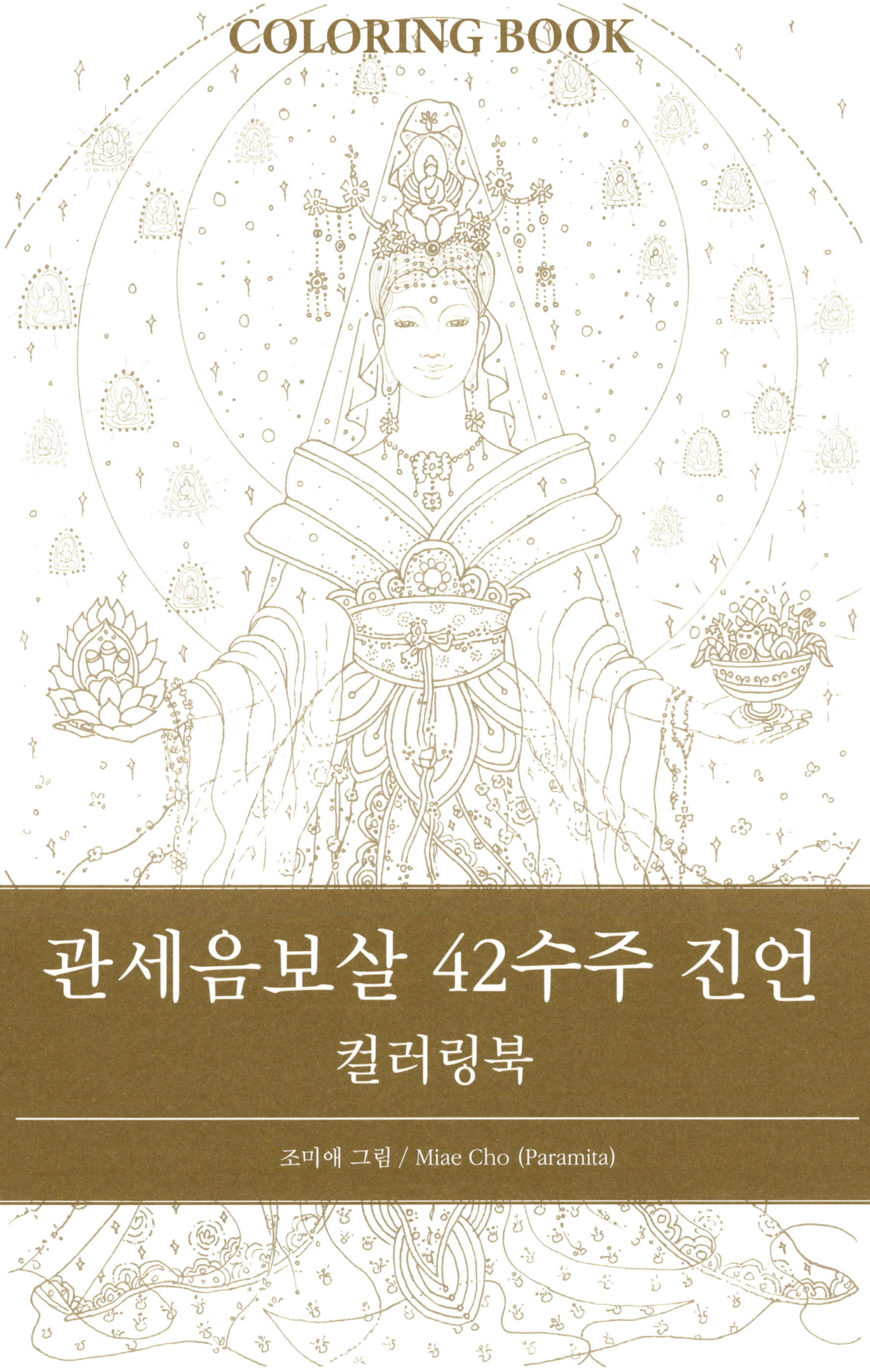

관세음보살 42수주 진언

컬러링북

조미애 그림 / Miae Cho (Paramita)

운주사

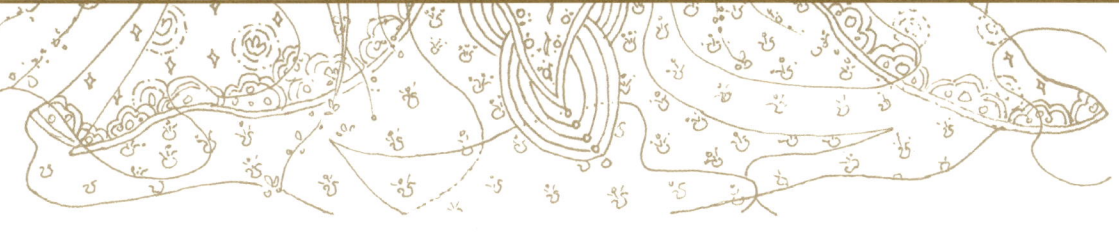

I give this book to

_____ 님께

이 책을 드립니다.

From _____ 합장

머리말

현재, 관세음보살님께서 우리와 함께 계신다면 우리가 처한 힘든 상황에서 어떤 모습으로 다가오실까, 우리를 어떻게 위로해주실까, 특히 이 관세음보살 42수주 진언을 우리에게 어떻게 가르쳐주실까를 생각하며 조심스럽게 관세음보살님을 그렸고, 만트라 내용도 현대 감각에 맞추어 새롭게 만들어 보았습니다.

관세음보살님 42수주 중에 비슷한 내용들은 두 진언을 한 그림 속에 넣어 22장으로 그렸습니다. 관세음보살님의 양손에 한 진언씩 다른 모양으로 각각 그려 42수주를 모두 넣었습니다.

그리고 42수주 그림들과 내용들은 가능한 관세음보살님의 42수주 본래의 모습과 멀어지지 않으면서도 동시에 현대인들 누구나 편하게 받아들일 수 있도록 노력했습니다.

관세음보살님의 42수주 진언들을 여러 번 반복하여 염송하고 42수주 그림들을 정성껏 그리고 색칠하는 과정을 통해 우리 스스로가 관세음보살님과 한마음이 되어 모든 고통스런 중생들이 함께 행복하게 되길 바라며 이 책을 발간합니다.

이 책을 만나는 모든 분들이 이 진언들을 외우고 그리는 공덕으로 모든 괴로움이 사라지고 소원성취하고 무량한 공덕을 지으시길 바랍니다.

2023년 봄 조미애(바라밀) 합장

FORWARD

At present, if Bodhisattva Avalokitesvara is with us, how will he/she approach us in these difficult times? How can Avalokitesvara comfort us?

With that in mind, I designed this book thinking about how he/she would teach us these 42 Hands Mantras today.

The 42 Hand Mantras of Avalokitesvara are exhibited within 22 paintings. In 20 of the paintings you will find there is a Mantra for each hand of Avalokitesvara.

I hope that the 42 Hands Mantras of Avalokitesvara will become bright energy for you and then you will spread this bright energy to others. We hope to become the mind of Avalokitesvara and recite these mantras with a desire to illuminate a dark world. I created these drawings, in earnest, praying that the translations of the original vows, the 42 Hands Mantras of Avalokitesvara, are loyal to the original meaning.

May everyone who utilizes this book and recites these mantras, become the heart of Bodhisattva Avalokitesvara, and make the world a better place for all.

Miae Cho (Paramita) spring of 2023

발원문

삼보님께 귀의하옵니다.

누구든지 이 관세음보살님의 42수주 진언 사화집寫畵集을 잠시라도 만난다면 온갖 괴로움이 사라지고 행복과 기쁨이 가득하며, 원하는 바를 모두 성취하게 해주소서. 또한 저희가 이 진언책을 색칠하고 암송하며 널리 전하는 공덕으로 온 우주의 과거, 현재, 미래의 모든 중생들과 하늘, 땅, 물속의 모든 중생들까지도 온갖 고통과 괴로움에서 모두 벗어나게 하소서.

관세음보살님의 서원이 곧 저희들의 서원입니다. 저희들은 온 우주에 사랑을 함께 나누는 보살의 길을 가겠습니다. 저희도 관세음보살님의 마음과 하나되어 세상의 어둠을 밝히는 빛이 되겠습니다.

코로나를 비롯해 이 지구상의 모든 질병이 하루빨리 사라지고, 전쟁으로 고통받는 모든 이들이 고통에서 벗어나며 세계평화가 찾아오길 간절히 기원드립니다.

나무관세음보살.

PRAYER

Dear Avalokitesvara,
If anyone studies the 42 Hands Mantras of Avalokitesvara, even for a moment, please bring them good luck and let them walk the path of happiness and joy. Also, may all beings in the world, present and future, through the process of painting, coloring and reciting the various 42 Hands Mantras, be freed from all kinds of pain and suffering, with the hope of attaining enlightenment.

In addition, through the merits of distributing this collection of the 42 Hands Mantras, may we gain wisdom, and may it change and bring peace to the world.

And we earnestly pray for all countries suffering from war, to end their suffering and return to peace.

The vows of Avalokitesvara are also our vows. We will practice the sharing of love throughout the universe and walk the path of Bodhisattva. We, too, will become the light that illuminates the darkness of the world. Namo Amitabha Buddha, Namo Avalokitesvara.

차례 / CONTENTS

머리말/ FORWARD • 4   발원문/ PRAYER • 5   당부의 말/ Recommandations • 9

10 **첫 번째 그림**
　1수. 관세음보살 여의주수진언
　22수. 관세음보살 보협수진언

ART ONE
No.1 MANTRA FOR WEALTH AND PROSPERITY
No.22 MANTRA FOR RECEIVING PRECIOUS TREASURES

12 **두 번째 그림**
　2수. 관세음보살 견삭수진언
　28수. 관세음보살 촉루보장수진언

ART TWO
No.2 MANTRA FOR ELIMINATING ANXIETY
No.28 MANTRA FOR CONQUERING ALL UNWHOLESOME AND DEMONIC ENERGIES

14 **세 번째 그림**
　3수. 관세음보살 보발수진언
　9수. 관세음보살 월정마니수진언

ART THREE
No.3 MANTRA FOR REPELLING DISEASES OF THE STOMACH
No.9 MANTRA FOR REPELLING FEVER

16 **네 번째 그림**
　4수. 관세음보살 보검수진언
　5수. 관세음보살 바아라수진언

ART FOUR
No.4 MANTRA FOR ELIMINATING DEMONIC ENERGIES
No.5 MANTRA FOR CONQUERING ALL DEMONS

18 **다섯 번째 그림**
　6수. 관세음보살 금강저수진언
　7수. 관세음보살 시무외수진언

ART FIVE
No.6 MANTRA FOR REPELLING RESENTMENT
No.7 MANTRA FOR CONTROLLING YOUR FEAR AND ANXIETY

20 **여섯 번째 그림**
　8수. 관세음보살 일정마니수진언
　30수. 관세음보살 보탁수진언

ART SIX
No.8 MANTRA FOR PROTECTING YOUR VISION
No.30 MANTRA FOR AN OUTSTANDING VOICE

22 **일곱 번째 그림**
　10수. 관세음보살 보궁수진언
　31수. 관세음보살 보인수진언

ART SEVEN
No.10 MANTRA FOR ADVANCING YOUR CAREER
No.31 MANTRA FOR IMPROVING SPEECH AND WRITING SKILLS

24	**여덟 번째 그림** 11수. 관세음보살 보전수진언 17수. 관세음보살 옥환수진언	**ART EIGHT** No.11 MANTRA FOR HAVING GOOD FRIENDS No.17 MANTRA FOR HAVING GOOD FRIENDS AND COLLEAGUES
26	**아홉 번째 그림** 12수. 관세음보살 양류지수진언 29수. 관세음보살 수주수진언	**ART NINE** No.12 MANTRA FOR HEALING YOUR BODY No.29 MANTRA FOR RECEIVING HELP FROM BUDDHA
28	**열 번째 그림** 13수. 관세음보살 백불수진언 16수. 관세음보살 월부수진언	**ART TEN** No.13 MANTRA FOR OVERCOMING OBSTACLES No.16 MANTRA FOR BEING ON THE RIGHT SIDE OF THE LAW
30	**열한 번째 그림** 14수. 관세음보살 보병수진언 26수. 관세음보살 보극수진언	**ART ELEVEN** No.14 MANTRA FOR FAMILY HARMONY No.26 MANTRA FOR DEALING WITH MY COMPETITORS/ENEMIES
32	**열두 번째 그림** 15수. 관세음보살 방패수진언 33수. 관세음보살 석장수진언	**ART TWELVE** No.15 MANTRA FOR PROTECTION FROM WILD ANIMALS No.33 MANTRA FOR RESPECTING ALL LIVING THINGS, LARGE OR SMALL
34	**열세 번째 그림** 18수. 관세음보살 백련화수진언 21수. 관세음보살 자련화수진언	**ART THIRTEEN** No.18 MANTRA FOR HELPING OTHERS No.21 MANTRA FOR MEETING BODHISATTVA
36	**열네 번째 그림** 19수. 관세음보살 청련화수진언 23수. 관세음보살 오색운수진언	**ART FOURTEEN** No.19 MANTRA FOR ETERNAL LIFE IN PURELAND/AMITABHA LAND No.23 MANTRA FOR MEETING BODHISATTVA
38	**열다섯 번째 그림** 20수. 관세음보살 보경수진언 37수. 관세음보살 보경수진언	**ART FIFTEEN** No.20 MANTRA FOR ATTAINING GREAT WISDOM No.37 MANTRA FOR HIGHER INTELLIGENCE

40	**열여섯 번째 그림** 24수. 관세음보살 군지수진언 25수. 관세음보살 홍련화수진언	**ART SIXTEEN** No.24 MANTRA FOR BEING REBORN IN THE 'HEAVEN OF GREAT BRAHMA' No.25 MANTRA FOR BEING REBORN IN 'THE CONTENTED HEAVEN' AND TO MEET MAITREA BUDDHA
42	**열일곱 번째 그림** 27수. 관세음보살 보라수진언 32수. 관세음보살 구시철구수진언	**ART SEVENTEEN** No.27 MANTRA FOR ASKING THE PROTECTORS TO WATCH OVER US No.32 MANTRA FOR THE PROTECTION OF GOOD SPIRITS AND DRAGON KINGS
44	**열여덟 번째 그림** 34수. 관세음보살 합장수진언	**ART EIGHTEEN** No.34 MANTRA FOR LOVE AND RESPECT
46	**열아홉 번째 그림** 35수. 관세음보살 화불수진언 36수. 관세음보살 화궁전수진언	**ART NINETEEN** No.35 MANTRA FOR ALWAYS HAVING BUDDHA'S PROTECTION No.36 MANTRA FOR BEING REBORN INTO THE WORLD OF BUDDHA
48	**스무 번째 그림** 38수. 관세음보살 불퇴전금륜수진언 39수. 관세음보살 정상화불수진언	**ART TWENTY** No.38 MANTRA FOR ATTAINING ENLIGHTENMENT No.39 MANTRA FOR BECOMING A BUDDHA
50	**스물한 번째 그림** 40수. 관세음보살 포도수진언 41수. 관세음보살 감로수진언	**ART TWENTY-ONE** No.40 MANTRA FOR REAPING BOUNTIFUL HARVESTS No.41 MANTRA FOR NURTURING THE LESS FORTUNATE
52	**스물두 번째 그림** 42수. 관세음보살 총섭천비수진언	**ART TWENTY-TWO** No.42 MANTRA FOR OVERCOMING ADVERSITY

추천의 말씀 • 66   회향문 • 68   감사의 말씀 • 68   DEDICATION • 69   THANKS TO • 69

당부의 말

관세음보살 42수주를 외우고 42수주 그림을 따라 그리면서, 현재 우리가 처해 있는 그 어떤 상황이라도 있는 그대로 받아들이며, 있는 그대로 만족합니다. 그리고 항상 조그만 일에도 감사하는 마음을 갖고 우리의 소원이 이미 이루어졌다는 믿음과 확신을 갖습니다.

마음속으로 관세음보살님의 대자비심을 생각하며 조금도 의심 없이 오직 이루어진다는 확고한 믿음으로 매일 108번, 100일 이상, 또는 소원이 이루어질 때까지 정성껏 이 42수주를 사화하고 외우시길 권해 드립니다. 또한 기도하는 과정에서 조바심을 갖고 초조한 마음으로 결과에 집착하지 말고 밝고 긍정적인 마음으로 그 어떤 결과가 오더라도 모두 받아들일 수 있는 마음가짐을 갖습니다. 이러한 기도 과정에서 소원은 반드시 이루어진다고 믿습니다.

우리 함께 관세음보살님의 마음과 하나가 되어 모든 고통스런 중생들을 어머니 마음처럼 살피며, 우리 스스로가 관세음보살님의 빛이 되어 우리의 주위를 밝혀 나갑니다.

Recommandations

How would Avalokitesvara teach us with these mantras? I would think that he would teach us with the great compassion of a mother's heart.

Please recite these 42 Hands Mantras, as many times as possible. It is recommended to repeat this Mantra a bare minimum of 108 times per day, or more for 100 days or more. In fact, depending on the severity of the situation, you may need to recite these mantras well beyond the 108 times per day, and for more than the 100 days. With these thoughts in mind, be satisfied with who we are today, having the belief and certainty that our wishes have already come true. Always be grateful for even the smallest things. The most important part of these recitations is BELIEF!

Without a shadow of doubt, you need to have 100% belief in the power of these mantras. Only then will you see positive results.

But don't focus on the results. It's more important to change the negative and anxious mind by keeping a bright and positive attitude in the process of praying. Have the mindset to accept everything, regardless of the outcome, and the results will always be more positive.

We pray that we, ourselves, will become the light of Bodhisattva Avalokitesvara's vow.

첫 번째 그림 / ART ONE

1수. 관세음보살 여의주수如意珠手진언
물질적으로 풍요롭고 안락한 생활을 바라는 기도

'관세음보살님, 저희들이 물질적으로 풍요롭고 안락한 생활을 하게 해주셔서 감사드립니다. 저희도 관세음보살님의 서원에 함께하며 무주상보시를 하겠습니다.'라고 생각하며 암송합니다.

『옴 바아라 바다라 훔 바탁』

No.1 MANTRA FOR WEALTH AND PROSPERITY

When you wish for wealth and prosperity, recite this mantra with this thought:

"We thank Avalokitesvara for making us materially prosperous and comfortable. We, too, will recite this mantra and help others with the selfless mind like Avalokitesvara."

"Om vajra vatara humphat"

22수. 관세음보살 보협수寶篋手진언
구하기 어려운 보물과 좋은 기회 얻기를 바라는 기도

'저희가 구하기 어려운 보물을 구하여 부를 얻었고 만나기 어려운 온갖 기회를 얻게 되어 감사합니다. 저희도 관세음보살님의 서원에 따라 빈궁한 이들과 함께 나누겠습니다.'라고 생각하며 암송합니다.

『옴 바아라 바사가리 아나맘나 훔』

No.22 MANTRA FOR RECEIVING PRECIOUS TREASURES

When you wish for precious treasures, recite this mantra with this thought:

"Thank you for giving us all the hard-to-find opportunities, precious treasures and wealth. Like Avalokitesvara, we will share with others in need."

"Om vajra pasakari ganamamra hum"

관세음보살님께서 물질적 풍요를 내려주시는 느낌으로 그렸으며, 온 우주에는 금빛의 보석들이 가득하고 하늘에선 찬란한 금빛 불상들이 내려오는 그림입니다.

In the hope that Avalokitesvara will give you material abundance, the whole universe is filled with gold, and brilliant golden Buddha images are descending from the sky.

두 번째 그림 / ART TWO

2수. 관세음보살 견삭수羂索手진언
초조하고 불안한 마음이 편안해지길 바라는 기도

'저희들의 온갖 불안한 마음을 편안하게 해주셔서 감사합니다. 저희도 불안한 이들의 마음을 편안하게 해주겠습니다.'라고 생각하며 암송합니다.

『옴 기니라나 모나라 훔 바탁』

28수. 관세음보살 촉루보장수髑髏寶杖手진언
부정적인 생각과 온갖 잡신이 사라지길 바라는 기도

'저희들이 부정적인 생각이나 나쁜 생각들에 끌려가지 않고 또한 잡신들의 농간에도 지배되지 않게 해주셔서 감사합니다. 저희는 밝은 지혜로 마음의 장애를 없애겠습니다.'라고 생각하며 암송합니다.

『옴 도나 바아라 학』

연꽃 속의 관세음보살님께서 우리의 불안한 마음을 어머니처럼 보호해주십니다.

No.2 MANTRA FOR ELIMINATING ANXIETY

When you wish to remove anxiety, recite this mantra with this thought:

"Thank you for putting our minds at ease amid all our anxiety. We will recite this mantra and also ease the minds of those who are insecure."

"Om kirlara modra humphat"

No.28 MANTRA FOR CONQUERING ALL UNWHOLESOME AND DEMONIC ENERGIES

When you wish to repel all unwholesome and demonic energies, recite this mantra with this thought:

"Thank you for not being dominated by negative thoughts and bad spirits. We will remove all negative energies with our bright wisdom."

"Om dhuna vajra hah"

Avalokitesvara, standing in the lotus flower, protects our anxious minds like a mother.

세 번째 그림

3수. 관세음보살 보발수寶鉢手진언
뱃속의 병이 빨리 없어지기를 바라는 기도

'저희들의 뱃속의 갖가지 병을 없애주시고 몸과 마음이 모두 건강하게 해주셔서 감사합니다. 저희도 관세음보살님처럼 아픈 이들을 어머니 마음으로 살피겠습니다.'라고 생각하며 암송합니다.

『옴 기리기리 바아라 훔 바탁』

9수. 관세음보살 월정마니수月精摩尼手진언
온몸의 열병이 식혀지기를 바라는 기도

'지독한 열병을 앓고 있는 저희들의 열을 식혀주시는 관세음보살님께 감사드립니다. 저희도 아픈 이들을 잘 보살피겠습니다.'라고 생각하며 암송합니다.

『옴 소싯지 아리 사바하』

관세음보살님께서 시원한 폭포의 느낌으로 열병과 모든 병을 낫게 해주시는 그림입니다.

ART THREE

No.3 MANTRA FOR REPELLING DISEASES OF THE STOMACH

When you wish to repel diseases of the stomach, recite this mantra with this thought:

"Thank you for ridding us of various diseases of the stomach and making both body and mind healthy. We will also look after the sick with the heart of Avalokitesvara."

"Om kirkir vajra humhpat"

No.9 MANTRA FOR REPELLING FEVER

When you wish to repel fever, recite this mantra with this thought:

"Thank you to Avalokitesvara for bringing down the severe fever of those who suffer from it. We will also take good care of the sick."

"Om susidhi gr svaha"

A drawing of Avalokitesvara healing fever and all disease with the help of a cool waterfall.

네 번째 그림 / ART FOUR

4수. 관세음보살 보검수寶劍手진언
나쁜 기운이 없어지기를 바라는 기도

'주위에 잡귀들과 모든 나쁜 기운을 없애 주셔서 감사합니다. 저희도 항상 주위를 깨끗이 정리하며 맑은 정신을 갖겠습니다.'라고 생각하며 암송합니다.

『옴 제세제야 도미니 도제 삿다야 훔 바탁』

No.4 MANTRA FOR ELIMINATING DEMONIC ENERGIES

When you wish to eliminate all ghosts, evil spirits and bad energy, recite this mantra with this thought:

"Thank you for eliminating all ghosts and evil spirits as well as ridding us from all bad energy. We will always keep our surroundings clean and tidy and have a clear mind."

"Om teseteja tuvini tude satdhaya humphat"

5수. 관세음보살 바아라수跋折羅手진언
삿된 마구니로부터 보호 받기를 바라는 기도.

'저희들을 나쁜 의도로 해치려는 자들과 악인들로부터 보호해주셔서 감사합니다. 저희도 약한 이들을 반드시 보호하겠습니다.'라고 생각하며 암송합니다.

『옴 이베이베 이파야 마하 시리예 사바하』

No.5 MANTRA FOR CONQUERING ALL DEMONS

When you wish to conquer all hateful demons, enemies and spirits, recite this mantra with this thought:

"Thank you for conquering all of our enemies and demons. We will also protect the weak."

"Om dibhedibhe dipya maha srye svahat"

관세음보살님께서 모든 악마와 잡귀신들을 항복시키시고 그 위에 앉아 계신 모습입니다.

A figure of Avalokitesvara, who sits on top of all surrendered demons and evil spirits.

다섯 번째 그림

ART FIVE

6수. 관세음보살 금강저수金剛杵手진언
마음에 원한이 맺지 않기를 바라는 기도

'원수라는 것은 본래 없으며 단지 그들이 무지해서 행동한 것임을 이해하게 해주셔서 감사합니다. 또한 저희들을 나쁜 의도로 해치는 자들로부터 보호해주셔서 감사합니다. 저희도 약한 이들을 반드시 보호하겠습니다.'라고 생각하며 암송합니다.

『옴 바아라 아니바라 닙다야 사바하』

7수. 관세음보살 시무외수施無畏手진언
불안과 공포에 시달리는 마음이 없어지길 바라는 기도

'관세음보살님, 저희를 괴롭히는 일로 인한 불안하고 두려워하는 마음을 없애주셔서 감사합니다. 저희도 공포에 시달리는 이들을 잘 보살피고 마음을 편하게 해 주겠습니다.'라고 생각하며 암송합니다.

『옴 아라나야 훔 바탁』

왼쪽 밑에는 화를 내는 남자의 모습, 오른쪽 밑에는 슬픔에 빠져 있는 여성이 있는데, 관세음보살님께서 크신 자비의 힘으로 그들의 분노와 슬픔을 없애주십니다.

No.6 MANTRA FOR REPELLING RESENTMENT TOWARD YOUR ENEMIES

When you wish to repel resentment toward your enemies, recite this mantra with this thought:

"Thank you for teaching us that there are no enemies, just those who act out of ignorance."

"Om vajra gni pra diptaya svaha"

No.7 MANTRA FOR CONTROLLING YOUR FEAR AND ANXIETY

When you wish to control your fear, recite this mantra with this thought:

"Thank you for removing our anxiety and fear. We will put others at ease by taking good care of those who suffer from anxiety and fear."

"Om jranaya humphat"

On the lower left is the face of a man with a lot of anger, and on the lower right is a woman in sorrow. With the power of Avalokitesvara's great mercy, he/she is clearing their hearts of sorrow and anger.

여섯 번째 그림

8수. 관세음보살 일정마니수 日精摩尼手 진언
눈의 시력이 보호되기를 바라는 기도

'저희들에게 밝은 눈을 주셔서 감사합니다. 저희들은 항상 밝은 생각으로 마음의 눈도 밝히도록 노력하겠습니다.'라고 생각하며 암송합니다.

『옴 도비가야 도비바라 바리니 사바하』

30수. 관세음보살 보탁수 寶鐸手 진언
좋은 음성을 갖기를 바라는 기도

'저희들이 미묘하고 뛰어난 음성을 갖게 해주셔서 감사합니다. 저희는 아름다운 음성으로 고운 말을 하여 주위를 밝히고 행복하게 하겠습니다.'라고 생각하며 암송합니다.

『나모 바나맘 바나예 옴 아미리 담암베 시리예 시리 탐리니 사바하』

밝은 눈과 뛰어난 음성을 갖게 해주시는 관세음보살님께 두 손을 올리며 존경을 표합니다. 동시에 우리는 관세음보살님께서 내려주시는 밝은 에너지를 두 손으로 받고 있습니다.

ART SIX

No.8 MANTRA FOR PROTECTING YOUR VISION

When you wish to protect your vision, recite this mantra with this thought:

"Thank you for giving us eyes with bright, clear vision."

"Om tupikaya tupipra vardi svaha"

No.30 MANTRA FOR AN OUTSTANDING VOICE

When you wish to have an outstanding voice, recite this mantra with this thought:

"Thank you for giving us a subtle, outstanding voice. We will brighten our surroundings with beautiful, positive words."

"Namo padmam panaye om amrtamgambhe srye sr tamrni svaha"

Hands are raised to pay respect to Avalokitesvara, who gives us eyes with bright, clear vision. And we are receiving the bright energy from Avalokitesvara with our hands.

일곱 번째 그림 / ART SEVEN

10수. 관세음보살 보궁수寶弓手진언
좋은 직장 얻기를 바라는 기도

'저희가 좋은 직장을 얻고 승진하고 높은 지위를 얻게 해주서서 감사합니다. 저희가 얻은 힘으로 많은 고통스런 중생을 잘 보살피겠습니다.'라고 생각하며 암송합니다.

『옴 아자미례 사바하』

No.10 MANTRA FOR ADVANCING YOUR CAREER

When you wish to advance your career, recite this mantra with this thought:

"Thank you for giving us a promotion or a position in high office. We will use the power that we have gained for the benefit of all living beings."

"Om acavire svaha"

31수. 관세음보살 보인수寶印手진언
뛰어난 말솜씨와 글솜씨 갖기를 원하는 기도

'저희가 뛰어난 말솜씨와 글솜씨를 갖게 해주서서 감사합니다. 저희가 얻은 능력으로 불법을, 최상의 지혜를 널리 알리는 데 힘쓰겠습니다.'라고 생각하며 암송합니다.

『옴 바아라네 담아예 사바하』

No.31 MANTRA FOR IMPROVING SPEECH AND WRITING SKILLS

When you wish to improve your speech and writing skills, recite this mantra with this thought:

"Thank you for giving us excellent speech and writing skills. We will use our ability to spread the Supreme wisdom of Buddha for the benefit of the unfortunate."

"Om vajra netam jaye svaha"

뛰어난 말솜씨와 글솜씨, 승진의 의미로 탑 밑에는 왕관과 트로피, 책을 그렸으며, 관세음보살님 머리 위에는 아름답고 신기한 새들이 극락정토의 라망(보석 그물)을 들고 있는 모습을 그렸습니다.

The beautiful birds are holding 'The Lamang' (jeweled net) above the head of Bodhisattva Avalokitesvara in Pure Land. A crown, a trophy, and a book were painted on the tower. It is meant to express excellent speech and writing skills to bring us a promotion at work.

여덟 번째 그림

ART EIGHT

11수. 관세음보살 보전수寶箭手진언
좋은 친구와 훌륭한 도반들을 만나기를 바라는 기도

'저희들이 착하고 좋은 친구들과 훌륭한 도반들을 만나 함께 불법을 공부하게 되어 감사합니다. 제가 먼저 좋은 친구나 도반이 되도록 노력하겠습니다.' 라고 생각하며 암송합니다.

『옴 가마라 사바하』

No.11 MANTRA FOR HAVING GOOD FRIENDS

When you wish to have good friends, recite this mantra with this thought:

"We are grateful to have good friends and wonderful Dharma masters to study with. We will consider our friends and others first."

"Om kamala svaha"

17수. 관세음보살 옥환수玉環手진언
좋은 동료 만나기를 바라는 기도

'저희들이 좋은 동료를 만나게 해주셔서 감사합니다. 함께 열심히 일하고 나누며 살겠습니다.'라고 생각하며 암송합니다.

『옴 바나맘 미라야 사바하』

No.17 MANTRA FOR HAVING GOOD FRIENDS AND COLLEAGUES

When you wish to have good colleagues, recite this mantra with this thought:

"Thank you for giving us good friends and colleagues. Together, we will comfort and love the lonely."

"Om padmam miraya svaha"

관세음보살님의 크나큰 사랑의 에너지로 만나는 사람마다 서로 사랑하게 도와주시는 장면입니다.

A scene where Avalokitesvara is sending loving energy.

아홉 번째 그림 / ART NINE

12수. 관세음보살 양류지수楊柳枝手진언
건강한 몸을 바라는 기도

'저희들의 몸에 생긴 갖가지 병을 없애주셔서 감사합니다. 저희들도 병자들을 관세음보살님의 마음으로 보살피겠습니다.'라고 생각하며 암송합니다.

『옴 소싯지 가리바리 다남타 목다에 바아라 바아라 반다 하나하나 훔 바탁』

No.12 MANTRA FOR HEALING YOUR BODY

When you wish to heal your body, recite this mantra with this thought:

"Thank you for ridding the body of various diseases. We will also take care of the sick with the heart of Avalokitesvara."

"Om susitdhi karvartanamta muktaye vajra vajra vandha hanahana humphat"

29수. 관세음보살 수주수數珠手진언
항상 불보살님의 보살핌을 바라는 기도

'불보살님들께서 항상 저희들에게 구원의 손길을 내려주셔서 깊이 감사드립니다. 저희도 힘든 이들을 힘껏 돕겠습니다.'라고 생각하며 암송합니다.

『나모라 다나다라 야야 옴 아나바제 미아예 싯디 싯달제 사바하』

No.29 MANTRA FOR RECEIVING HELP FROM BUDDHA

When you need help, recite this mantra with this thought:

"Thank you to the Buddha for always giving us a helping hand. We will help those in need as much as we can."

"Namo ratnatrayaya om anabhate vijayaye sidhisiddharthe svaha"

관세음보살님께서 병자와 보호자에게 사랑의 에너지를 내려주며 보살펴주시는 장면입니다.

A scene where Avalokiesvara comes to the sick and saves them.

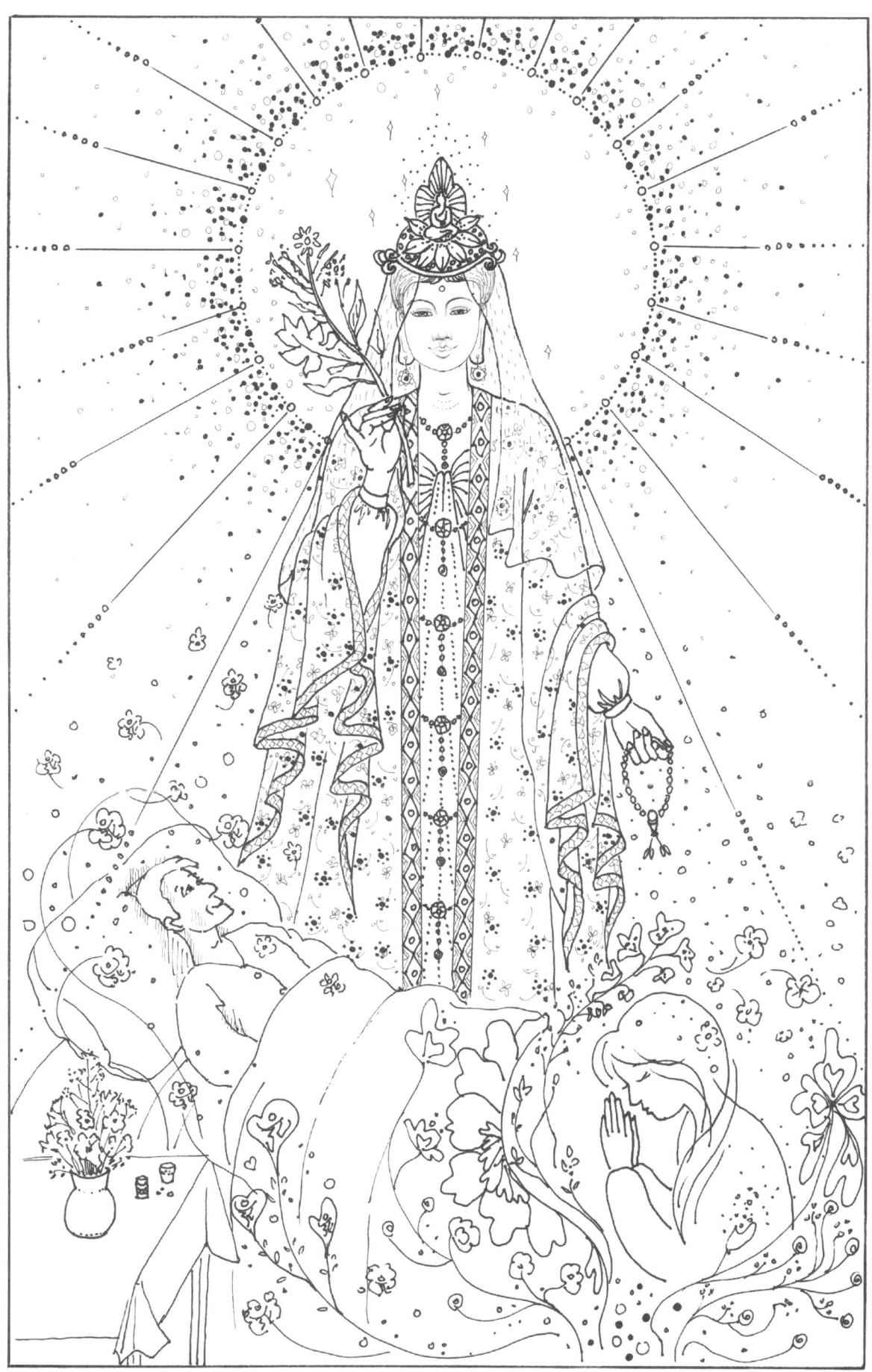

열 번째 그림 / ART TEN

13수. 관세음보살 백불수白拂手진언
모든 장애와 곤란이 없기를 바라는 기도

'저희들의 모든 나쁜 장애와 곤란을 없애주셔서 감사드립니다. 저희도 부처님의 대지혜로 마음을 밝히고 중생들의 힘이 되고 빛이 되겠습니다.'라고 생각하며 암송합니다.

『옴 바나미니 바나바제 모하야 아아 모하니 사바하』

No.13 MANTRA FOR OVERCOMING OBSTACLES

When you wish to overcome obstacles, recite this mantra with this thought:

"Thank you for removing all bad obstacles, confusion and troubles. We, too, will illuminate our hearts with the great wisdom of the Buddha and become the light."

"Om padmini bhagavate mohaya jaga mohani svaha"

16수. 관세음보살 월부수鉞斧手진언
법적 분쟁을 피하길 바라는 기도

'저희들이 사건이나 사고로 인한 온갖 법적 분쟁을 피하게 해주셔서 감사합니다. 이제부터라도 탐진치를 버려 어리석은 판단을 하지 않겠습니다.'라고 생각하며 암송합니다.

『옴 미라야 미라야 사바하』

No.16 MANTRA FOR BEING ON THE RIGHT SIDE OF THE LAW

When you wish to avoid troubles with the law, recite this mantra with this thought:

"Thank you for keeping us out of trouble with the law. We will not make foolish judgments by being greedy."

"Om miraya miraya svaha"

관재를 당했거나 나쁜 장애의 불길에 휩싸인 고통스런 중생들을 관세음보살님의 원력으로, 시원한 파도로 불길을 소멸하듯 도와주시는 장면입니다.

A scene where people's problems, engulfed in the flames of evil, are extinguished by a cool wave with the mercy of Bodhisattva Avalokitesvara.

열한 번째 그림

14수. 관세음보살 보병수寶瓶手진언
가족의 화목을 바라는 기도

'저희들의 모든 가족과 친족들이 서로 사랑하고 화합하게 해주셔서 감사합니다. 저희도 앞으로 그 누구와도 화합을 깨는 말과 행동을 하지 않겠습니다.'라고 생각하며 암송합니다.

『옴 아레 삼만염 사바하』

26수. 관세음보살 보극수寶戟手진언
다른 이들과의 경쟁에서 승리하길 바라는 기도

'최선을 다해 열심히 일하여 경쟁에서 승리하게 해주셔서 감사합니다. 하지만 저희는 과한 욕심을 내지 않을 것이며 모든 중생과 함께 행복할 수 있도록 노력하겠습니다.'라고 생각하며 암송합니다.

『옴 삼매야 기니하리 훔 바탁』

연꽃 속에 앉으신 관세음보살님 앞에 행복한 한 가족이 있는 장면입니다.

ART ELEVEN

No.14 MANTRA FOR FAMILY HARMONY

When you wish for family harmony, recite this mantra with this thought:

"Thank you for bringing our family and relatives into harmony. In the future, we will not say or do anything that breaks that harmony."

"Om gre sammamyam svaha"

No.26 MANTRA FOR DEALING WITH MY COMPETITORS/ENEMIES

When you are interacting with your competitors, recite this mantra with this thought:

"Thank you for giving us the opportunity to work hard and compete at the highest level. We will not be overly greedy and will try to be happy together with all sentient beings."

"Om sammaiya kini har humphat"

A scene of a happy family in front of Avalokitesvara sitting in a lotus flower.

열두 번째 그림 / ART TWELVE

15수. 관세음보살 방패수防牌手진언
사나운 짐승으로부터 피해 받지 않기를 바라는 기도

'저희들이 그 어떤 동물이나 맹수로부터 피해를 당하지 않게 해주셔서 감사합니다. 저희도 동물을 보호하고 해치지 않겠습니다.'라고 생각하며 암송합니다.

『옴 약삼나나야 전나라 다노발야 바사바사 사바하』

33수. 관세음보살 석장수錫杖手진언
살생을 피하길 바라는 기도

'저희들이 살생을 하지 않도록 항상 지켜주셔서 감사합니다. 앞으로 어떠한 경우라도 모든 생명체를 해치지 않고 또한 약자들을 보호하겠습니다.'라고 생각하며 암송합니다.

『옴 날지 날지 날타바지 날제 나야바니 훔 바탁』

관세음보살님께서 무서운 숲속의 약하고 어린 동물을 보호해주시는 장면입니다.

No.15 MANTRA FOR PROTECTION FROM WILD ANIMALS

When you seek protection from wild animals, recite this mantra with this thought:

"Thank you for making sure we are not harmed by any animal or wild beast. We will also forbid killing and protect the weak."

"Om yaksam nadaya scandra dhaduparyapasa pasa svaha"

No.33 MANTRA FOR RESPECTING ALL LIVING THINGS, LARGE OR SMALL

Recite this mantra with this thought:

"Thank you for showing us how to respect all living things. In all circumstances we will avoid harming or killing any living thing."

"Om nartinarti nartapati narte dayapani humphat"

A scene where Bodhisattva Avalokitesvara protects a lonely young animal in a forest.

열세 번째 그림

18수. 관세음보살 백련화수白蓮花手진언
많은 공덕 짓기를 바라는 기도

'저희가 지금 누리는 것들은 모두 다른 중생들의 노고로부터 온 것임을 깨닫게 해주셔서 감사합니다. 저희도 물질적으로나 정신적으로 힘 닿는 대로 보시하고 공덕을 많이 짓겠습니다.'라고 생각하며 암송합니다.

『옴 바아라 미라야 사바하』

21수. 관세음보살 자련화수紫蓮花手진언
불보살님들을 친견하길 바라는 기도

'불보살님, 항상 저희와 함께해 주시며 바른 길로 이끌어주셔서 감사합니다. 저희도 보살의 정신으로 고통스런 중생들과 항상 함께하겠습니다.'라고 생각하며 암송합니다.

『옴 사라사라 바아라 가라 훔 바탁』

한 소녀가 관세음보살님께 보살의 길을 가기를 맹세하며 간절히 기도하는 모습입니다.

ART THIRTEEN

No.18 MANTRA FOR HELPING OTHERS

Recite this mantra with this thought:

"Thank you for teaching us that all the things we enjoy come from the hard work of other sentient beings. We will give as much as we can, physically and mentally, to help the poor and the weak."

"Om vajra minaya svaha"

No.21 MANTRA FOR MEETING BODHISATTVA

When you wish to feel Buddha in your heart, recite this mantra with this thought:

"Dear Buddha and Bodhisattva thank you for always being with us. We too will always care for all suffering sentient beings with endless love of Bodhisattva's mind."

"Om sarasara vajra kara humphat"

A girl fervently prays to Avalokitesvara vowing to follow the path of Bodhisattva.

열네 번째 그림 / ART FOURTEEN

19수. 관세음보살 청련화수靑蓮花手진언
불국토에 왕생하기를 바라는 기도

'저희가 다음 세상에서는 반드시 불국토에 태어나고 깨달음을 얻을 때까지 정진하게 해주셔서 깊이 감사 드립니다.'라고 생각하며 암송합니다.

『옴 기리기리 바아라 불반다 훔 바탁』

No.19 MANTRA FOR ETERNAL LIFE IN PURELAND/AMITABHA LAND

When you wish to be reborn in pureland/Amitabha land, recite this mantra with this thought:

"Thank you very much for allowing us to be born in Pureland/Amithaba Land in the next life."

"Om kirkir vajra bhurvandha humphat"

23수. 관세음보살 오색운수五色雲手진언
완전한 깨달음을 얻고자 하는 기도

'저희는 기도 정진 열심히 하여 하루빨리 깨달음을 얻고 불도를 성취하겠습니다.'라고 생각하며 암송합니다.

『옴 바아라 가리라타 맘타』

No.23 MANTRA FOR MEETING BODHISATTVA

If you wish to reach enlightenment, recite this mantra with this thought:

"We will pray diligently and study until we achieve enlightenment in the path of Buddha."

"Om vajra karirata mamta"

아미타경에 나오는 극락세계를 표현했으며, 관세음보살님께서 보석으로 된 '옴' 자 모양의 가지들과 아름다운 꽃들이 핀 나무 밑에 앉아계시며 하늘에서는 꽃비가 내리고 땅에는 온갖 꽃잎들과 보석들이 널려 있습니다. 연못 속의 연꽃들은 극락에 태어나는 중생들을 생각하며 그렸습니다.

Avalokitesvara is sitting in front of a tree that has Om-shaped branches made of precious stones and beautiful flowers in Amitabha land (Pureland). All kinds of petals of flowers are raining from the sky, and jewels are scattered on the ground. The seven-layered trees and Ramang (jeweled net) are above the trees, the seven lines by the pond signify the seven railings, and the lotus flowers in the pond are drawn with thoughts of sentient beings born in Pure Land. These pictures referenced by Amitabha Sutra.

열다섯 번째 그림   ART FIFTEEN

20수. 관세음보살 보경수寶鏡手진언
최고의 지혜를 얻고자 하는 기도

'저희들에게 위없이 바르고 평등한 가르침을 주셔서 감사합니다. 최고의 지혜를 얻고자 저희들은 매일 끊임없이 노력하겠습니다.'라고 생각하며 암송합니다.

『옴 미보라 나락사 바라아 만다라 훔 바탁』

No.20 MANTRA FOR ATTAINING GREAT WISDOM

When you wish to attain great wisdom, recite this mantra with this thought:

"Thank you for teaching us righteousness and equality as well as helping us to attain great wisdom. We will spread great wisdom to many people."

"Om visphurada raksa vajra mandhala humphat"

37수. 관세음보살 보경수寶經手진언
총명함을 얻기 위한 기도

'저희들이 바른 지혜와 지식을 공부하기 위해 총명한 머리를 갖게 되어 감사합니다. 저희는 앞으로 많은 사람들과 함께 최상의 깨달음을 얻도록 노력하겠습니다.'라고 생각하며 암송합니다.

『옴 아하라 살바미냐 다라 바니제 사바하』

No.37 MANTRA FOR HIGHER INTELLIGENCE

When you wish to improve your intelligence, recite this mantra with this thought:

"Thank you for giving us intelligence. We will work tirelessly every day to gain the high and the great wisdom for me and others."

"Om ahara sarva vidya dhara pudite svaha"

한 소녀가 머리 위에는 아뇩다라삼먁삼보리 만다라를, 왼쪽에는 십바라밀 만다라를, 오른쪽에는 '옴 마니 파드메 훔' 만다라를 올리며 총명함을 얻어 최상의 깨달음을 얻고자 관세음보살님께 기도드리고 있다.

A girl holds an 'Anuttara Samyaksam bodhi' on her head, a Ten Pāramitā Mandala on the left, and an 'Om Manipadme Hum' Mandala on the right, praying to Avalokitesvara in order to gain wisdom and attain the best enlightenment. Behind Avalokitesvara, is written "Great Dharani ('Nilakanha Dharani') with Mystical and Marvellous Stanzas and Verses." (*See reference on back page)

| 열여섯 번째 그림 | ART SIXTEEN |

24수. 관세음보살 군지수君遲/軍持手진언
다음 생에는 범천에 태어나길 바라는 기도

'저희들이 사후에 범천에 태어나게 해주셔서 감사합니다. 이생에서 열심히 기도 정진하며 바른 길을 걷겠습니다.'라고 생각하며 암송합니다.

『옴 바아라 서가로타 맘타』

No.24 MANTRA FOR BEING REBORN IN THE 'HEAVEN OF GREAT BRAHMA'

When you wish to be reborn in the 'HEAVEN OF GREAT BRAHMA', recite this mantra with this thought:

"Thank you for teaching us to live by the Great Wisdom of the Buddha and to be reborn in the 'HEAVEN OF GREAT BRAHMA' in the next life. In this life, I will pray hard and walk the right path."

"Om vajra sekhararuta mamta"

25수. 관세음보살 홍련화수紅蓮花手진언
다음 생에는 도솔천에 태어나길 바라는 기도

'다음 생에는 도솔천에 태어나 미륵불을 친견하게 해주셔서 감사합니다. 저희들은 이생에서 열심히 정진하고 보살행을 하겠습니다.'라고 생각하며 암송합니다.

『옴 상아례 사바하』

No.25 MANTRA FOR BEING REBORN IN 'THE CONTENTED HEAVEN' AND TO MEET MAITREA BUDDHA (NAME OF THE BUDDHA WHO WILL COME IN THE FUTURE)

When you wish the above, recite this mantra with this thought:

"Thank you for being reborn in 'THE CONTENTED HEAVEN' and for allowing us to meet Maitrea Buddha in the next life. We will devote ourselves diligently and take care of ourselves in this life."

"Om samgre svaha"

관세음보살님의 원력으로 극락왕생을 원하는 중생들이 극락세계에 태어나 자라나는 과정을 그렸습니다.

The process of being born and growing up in Amitabha Land with the great love of Avalokitesvara.

열일곱 번째 그림 　　　ART SEVENTEEN

27수. 관세음보살 보라수寶螺手진언
항상 호법신장의 보호 받기를 간청하는 기도

'저희들이 언제 어디서나 호법신장의 보호를 받으며 살 수 있게 해주셔서 감사드립니다.'라고 생각하며 암송합니다.

『옴 상아례 마하 삼만염 사바하』

No.27 MANTRA FOR ASKING THE PROTECTORS TO WATCH OVER US

Recite this mantra with this thought:

"Thank you very much for the constant presence and guidance of protectors and good gods, wherever we go."

"Om samgre maha sammayam svaha"

32수. 관세음보살 구시철구수俱尸鐵鉤手진언
좋은 신들에게 보호 받기를 바라는 기도

'저희들이 항상 좋은 신들과 용왕의 보호를 받게 해주셔서 감사합니다. 저희도 항상 약자를 보호하고 돕겠습니다.'라고 생각하며 암송합니다.

『옴 아가로 다라가라 미사예 나모 사바하』

No.32 MANTRA FOR THE PROTECTION OF GOOD SPIRITS AND DRAGON KINGS

Recite this mantra with this thought:

"Thank you for the constant protection of good spirits and dragon kings. We will always protect the weak."

"Om akro tarakara visaye namosvaha"

관세음보살님의 서원으로 천신과 용왕의 보호를 받고 있는 소녀입니다.

A girl who is protected by the protectors of heaven and the dragon kings.

열여덟 번째 그림

ART EIGHTEEN

34수. 관세음보살 합장수合掌手진언
사랑과 존경을 위한 기도

'저희는 모든 존재들이 서로 사랑하고 존중하며 살라는 가르침을 잊지 않겠습니다. 오늘도 모든 중생을 어머니의 마음으로 분별없이 사랑하겠습니다.'라고 생각하며 암송합니다.

『옴 바나만 아링하리』

No.34 MANTRA FOR LOVE AND RESPECT
Recite this mantra with this thought:

"We will never forget the teachings that all beings live with love and respect for each other.
Today, we will love all living beings with a motherly heart."

"Om padmam gjalm hr"

관세음보살님의 크나큰 사랑의 에너지를 받아 모든 중생들이 서로 사랑하고 존경하는 느낌으로 그렸습니다.

All living beings love and respect each other, receiving the energy of Avalokitesvara's great love.

열아홉 번째 그림   ART NINETEEN

35수. 관세음보살 화불수化佛手진언

태어날 때마다 부처님과 함께하길 바라는 기도

'저희가 태어날 때마다 항상 부처님 곁을 떠나지 않게 해주셔서 감사드립니다.'라고 생각하며 암송합니다.

『옴 전나라 바맘타 이가리 나기리 나기리니 훔 바탁』

No.35 MANTRA FOR ALWAYS HAVING BUDDHA'S PROTECTION

When you wish to have Buddha's protection all the time, recite this mantra with this thought:

"Thank you so much for ensuring that we never leave the Buddha's protection every time we are reborn."

"Om candara bhamamtar kardakir dakirni humphat"

36수. 관세음보살 화궁전수化宮殿手진언

항상 부처님 세계에 태어나길 바라는 기도

'태어날 적마다 늘 부처님의 세계에 태어나게 해주셔서 깊이 감사드립니다.'라고 생각하며 암송합니다.

『옴 미사라 미사라 훔 바탁』

No.36 MANTRA FOR BEING REBORN INTO THE WORLD OF BUDDHA

Recite this mantra with this thought:

"Thank you very much for allowing us to be born into the world of Buddha in every lifetime."

"Om misara misara humphat"

극락세계의 아미타불께서 중앙에 계시고 관세음보살님은 아미타불의 왼쪽, 대세지보살님은 오른쪽에 계시며 극락세계에 새로 태어나는 여자 아기와 남자 아기를 축복하시고 계십니다.

Amitabha Buddha is in the center, Bodhisattva Avalokitesvara is on the left side of Amitabha Buddha and Bodhisattva Maha-Sthama Praptais is to the right of Buddha, blessing the newly born girls and boys in Amitabha Land.

스무 번째 그림 / ART TWENTY

38수. 관세음보살 불퇴전금륜수不退金輪手진언

깨달음을 얻기까지 물러서지 않기 바라는 기도

'저희는 지금 이 몸으로 열심히 기도하고 정진하여 깨달음을 얻을 때까지 결단코 물러서지 않겠습니다.'라고 생각하며 암송합니다.

『옴 서나미자 사바하』

No.38 MANTRA FOR ATTAINING ENLIGHTENMENT

Recite this mantra with this thought:

"We will never stop praying dilligently until we attain enlightenment."

"Om sanamica svaha"

39수. 관세음보살 정상화불수頂上化佛手진언

부처님으로부터 수기 받기를 바라는 기도

'저희도 언젠가 깨달아 부처가 되리라는 흔들리지 않는 확신을 가지고 정진하겠습니다.'라고 생각하며 암송합니다.

『옴 바아라니 바아람예 사바하』

No.39 MANTRA FOR BECOMING A BUDDHA

Recite this mantra with this thought:

"We will devote ourselves to the unwavering conviction that one day we will become a Buddha."

"Om vajrni vajramge svaha"

관세음보살님께서 머리 위에 아미타불을 모시고 있고 뒤에는 팔정도를 배경으로 하고 계십니다. 팔정도란 완전한 깨달음, 즉 열반에 도달하는 데 필요한 요소입니다.

Bodhisattva Avalokitesvara is raising The Noble Eightfold Path above his head.
The Nobel Eightfold Path is a necessary component for attaining full enlightenment, or nirvana.

스물한 번째 그림 | ART TWENTY-ONE

40수. 관세음보살 포도수葡萄手진언
풍요로운 수확을 바라는 기도

'배고픈 중생들에게 과실과 농산물의 풍요로운 수확을 얻게 해주셔서 감사드립니다. 저희도 가난한 자들과 함께 음식을 나누어 먹겠습니다.'라고 생각하며 암송합니다.

『옴 아마라 검제이니 사바하』

No.40 MANTRA FOR REAPING BOUNTIFUL HARVESTS

Recite this mantra with this thought:

"Thank you for giving hungry beings a bountiful harvest of fruit trees and agricultural products. We will always share food with the poor."

"Om amala kamtedini svaha"

41수. 관세음보살 감로수甘露手진언
목마르고 배고픈 중생들의 고통이 없어지길 바라는 기도

'목마르고 배고픈 모든 중생의 고통을 없애주셔서 깊이 감사드립니다. 저희도 항상 관세음보살님과 함께 중생들의 고통을 덜어주도록 노력하겠습니다.'라고 생각하며 암송합니다.

『옴 소로소로 바라소로 바라소로 소로소로야 사바하』

No.41 MANTRA FOR NURTURING THE LESS FORTUNATE

When you wish to help hungry and thirsty people, recite this mantra with this thought:

"Thank you very much for taking away the pain of all sentient beings who are thirsty and hungry. We will always be together with Avalokitesvara's great love to alleviate the pain of suffering sentient beings."

"Om sulu sulu bholasulu bholasulu sulusuluye svaha"

관세음보살님께서 목마르고 배고픈 중생들을 위해 손에서 성수를 내려주시어 농산물과 과일들을 풍성하게 수확하게 해주시는 느낌으로 그렸습니다.

Bodhisattva Avalokitesvara pours out holy water from his hands for all thirsty and hungry beings, so that agricultural products and fruits can be harvested abundantly.

스물두 번째 그림

42수. 관세음보살 총섭천비수總攝千臂手진언
모든 장애 이겨나가기를 바라는 기도

'저희에게 그 어떠한 장애나 역경이 닥쳐와도 있는 그대로 받아들이며 모두 이겨나가겠습니다. 저희에게 용기와 바른 지혜를 주셔서 깊이 감사드립니다.'라고 생각하며 암송합니다.

『다냐타 바로기제 새바라야 살바도따 오하야미 사바하』

그 어떤 어려움의 화살들이 닥쳐오더라도 관세음보살님의 강한 보호막으로 그 화살들이 우리에게 다가오지 못하게 보호해주고 계십니다.

ART TWENTY-TWO

No.42 MANTRA FOR OVERCOMING ADVERSITY

Recite this mantra with this thought:

"No matter what obstacles or adversity that we face, we will surely overcome them all. Thank you so much for giving us courage and wisdom."

"Tadyata avalokitesvaraya sarvadusiza uhamiye svaha"

No matter what difficulties, the arrows are repelled. Bodhisattva Avalokitesvara's strong shield protects them from all obstacles approaching us.

첫번째 그림 / ART ONE

두번째 그림 / ART TWO

세번째 그림 / ART THREE

네번째 그림 / ART FOUR

다섯번째 그림 / ART FIVE

여섯번째 그림 / ART SIX

일곱번째 그림 / ART SEVEN

여덟번째 그림 / ART EIGHT   아홉번째 그림 / ART NINE

열번째 그림 / ART TEN   열한번째 그림 / ART ELEVEN

열두번째 그림 / ART TWELVE

열세번째 그림 / ART THIRTEEN

열네번째 그림 / ART FOURTEEN

열다섯번째 그림 / ART FIFTEEN

열여섯번째 그림 / ART SIXTEEN

열일곱번째 그림 / ART SEVENTEEN

열여덟번째 그림 / ART EIGHTEEN

열아홉번째 그림 / ART NINETEEN

스무번째 그림 / ART TWENTY

스물한번째 그림 / ART TWENTY-ONE

스물두번째 그림 / ART TWENTY TWO

추천의 말씀

'사흘 닦은 마음은 천 년의 보배와 같고, 백 년 동안 탐한 재물은 하루아침의 이슬과 같다'는 말씀이 생각납니다. 우리가 닦아야 할 모든 선행의 공덕은 남들이 닦아주는 것이 아니라 내 스스로가 닦아야 하고 또한 내 스스로가 실천해야 합니다.

그것은 올바른 믿음 속에 크나큰 공덕이 들어 있기 때문이지요.

믿음이 얼마나 큰 힘을 가지고 있는지 한 가지 실례實例를 들어보겠습니다. 하체를 못 쓰는 어머니가 보모를 두고서 아기를 키우고 있었는데, 어느 날 보모가 잠시 한눈을 파는 사이에 아기가 엉금엉금 기어서 베란다 난간에 매달려 떨어지기 일보 직전에 있는 것을 불구자인 아기의 어머니가 보게 되었습니다.

그 순간 어떤 일이 일어났는가 하면, 휠체어에 앉아 있던 아기의 어머니가 벌떡 일어나 아기를 들어다가 방바닥에 내려놓고는 그 자리에 쓰러졌다고 합니다. 원래 다리를 못 쓰는 어머니이니까 더 이상 서 있을 수가 없었던 것이지요. 그러나 아기를 구하겠다는 일념一念이 그리도 무서운 힘을 발휘하게 하였던 겁니다.

사실 우리들이 생활하다보면 생각지도 않은 재난을 만나기도 하고 경제난에 허덕일 때도 있으며 때로는 한없는 욕망 때문에 갈등을 일으키기도 합니다. 이렇게 혼란한 사바세계에서 평안을 얻으려고 안간힘을 쓰고 있는 우리들에게 관세음보살님은 항상 의지처가 되고, 우리가 난관에 부딪혔을 때 일념으로 관세음보살님의 명호를 부르면 천 개의 손, 천 개의 눈을 가진 관세음보살님이 곧 달려와서 구원해 주신다고 합니다.

그러나 이렇게 실제적인 '현세이익'을 설하면서도 끝에 가서는 무소득無所得의 대승불교사상에 젖어들게끔 인도하고 있습니다.

다시 말하면, 현세이익이라는 소박한 희망으로부터 무소득의 대승경지까지 친절하게 이끌어 주심으로서 불교가 지향하는 이상의 목적지에 누구나 할 것 없이 쉽게 찾아갈 수 있도록 경전의 내용이 설해져 있다는 뜻입니다. 그리하여 관세음보살이야말로 실은 우리들의 잡다한 번뇌 속에 묻혀 있는 존엄한 인간성, 즉 '또 하나의 자기'라는 것을 발견하도록 해주고 있습니다.

저희 보스턴 문수사에서는 매년 동안거 백일기도 동안에 신묘장구대다라니 독송기도를 하고 있습니다. 그러던 와중에 관세음보살 42수 진언에 대한 불자님들의 관심이 생겨나게 되었고, 손만 그려져 있는 모습에서 과연 관세음보살님이시라면 어떤 모습으로 우리 중생을 바라보실까 하는 마음에서, 역시 같은 생각을 하고 있던 바라밀(조미애) 보살님에게 숙제 아닌 숙제를 내드리게 되었습니다.

사실 42수 관음수만 그려진 그림책은 시중에 많이 나와 있습니다. 그러나 완전한 모습의 관세음보살님은 어떤 시선으로 중생을 어루만져 주시는지가 너무나 궁금하여 숙제를 드린 것입니다.

바라밀 보살님은 불보살님의 세계를 음악뿐만 아니라 그림으로도 너무나 잘 표현해주는 분이기에, 보살님이라면 손만 그려져 있는 42수를 완벽한 관세음보살님으로 현신하실 수 있게 해줄 것으로 믿었던 것입니다. 그리고, 제가 상상했던 그 모습으로 완벽한 관세음보살님의 모습을 뵙고는 감격의 눈물을 흘리기도 하였습니다.

바라밀 보살님은 명상을 통하여 42수 진언에 맞는 관세음보살님을 만나게 되었고, 그 과정에서 우리 중생이 원하는 대로 관세음보살님이 현신하시는 모습을 보았던 것입니다.

사실 『불설천수천안관세음보살광대원만무애대비심다라니경』에서는 관세음보살의 40수만 열거되고 있으며, 실제로 그 각각의 손에 따른 진언은 나오지 않습니다.

그러나 "천수천안관세음보살대비심다라니"에는 41가지의 손 도상과 함께 그에 따른 다양한 진언이 갖추어져 있습니다. 하지만 "천수천안관세음보살대비심다라니"의 열거 순서와 일치하는 것도 아닙니다. 후대에 이르러서 이러한 것들을 종합하여 관세음보살의 42수주로 정리되었던 것입니다.

42수주는 천수대비주와는 내용이 다르며, 구체적인 경우에 따른 세부적인 42가지 진언을 설하고 있습니다. 예컨대 이런 경우에는 이런 진언을 외우고, 저런 경우에는 저런 진언을 외우라는 식으로 매우 구체적인 상황을 열거하고 있는데, 그것이 모두 42가지입니다.

천수대비주 "신묘장구대다라니"는 총주總呪이기 때문에 42수주의 공덕을 모두 한데 갈무리하고 있습니다. 하지만 관세음보살 42수주는 중생 저마다 소원과 인연, 그리고 근기 등에 따라서 간단히 염송할 수 있도록 구체적인 필요를 구분하여 세세히 충족시킬 수 있도록 제시한 것입니다.

이러한 뜻에서 바라밀 보살님이 그린 완전한 관세음보살님의 42수 불화佛畵를 많은 분들과 나누고자 책으로 펴내려고 하기에 감히 제가 추천의 글을 올려드립니다.

모쪼록 이 불화를 통해 현세이익은 물론 나아가 성불의 인연이 될 수 있기를 진심으로 기도드립니다.

2023년 봄
미국 보스턴 문수사 전 주지 혜각

회향문

과거 현재 미래의 온 우주 모든 중생들이 고통에서 하루빨리 벗어나길 간절히 바라며 이 사화책을 회향하며 바칩니다.
나무관세음보살 나무관세음보살 나무관세음보살 ……
조바라밀 합장

감사의 말씀

이 책이 출판될 수 있게 물심양면으로 도와준 남편과 계속해서 저에게 불교경전을 가르쳐주고 항상 좋은 도반이 되어주는 아들 손범준과 그의 좋은 도반이며 아내인 유정, 끊임없이 저와 가족들을 기쁘게 해주는 착하고 예쁜 불자 손녀들 서희와 재희에게 고마움을 전하고 싶습니다. 그리고 영어 번역을 도와준 남편 Gene Charette과 친구 Nicole Malo에게도 감사하고 찬사를 보내고 싶습니다.

특히, 미국 보스턴 문수사 전 주지 혜각 스님께 특별한 감사를 드립니다. 3년 전에 스님께서 저에게 관세음보살님 42수주 손모양의 불화는 많으나 관세음보살님 전체 모습을 그린 42수주는 찾아보기 힘들다고 하시며 저에게 한번 그려보라고 숙제를 주셨습니다.

그 뒤 저는 2년여 동안 기도와 명상을 하면서 느껴지는 관세음보살님의 모습을 22장의 그림으로 그려낼 수 있었고, 이렇게 책으로까지 펴내게 되었습니다.

또한 플로리다 보현사의 진량 스님께서는 원고를 최종적으로 마무리하는 작업에서 큰 힘이 되어 주셨습니다. 깊이 감사드립니다.

더불어 도서출판 운주사의 대표님과 편집부 분들이 정성을 다해주신 덕분에 이 책이 나올 수 있게 되어 감사드립니다. 이 책이 나오기까지 여러모로 보살펴주신 모든 분들께 다시 한번 깊이 감사드립니다.

앞으로 이 책을 만나는 모든 분들이 관세음보살님의 42수주를 그리고 독송하고 발보리심하여, 그 인연공덕으로 온갖 고통은 사라지고 모든 소원 이루어 행복하시기를 간절히 발원합니다.

관세음보살님께 귀의 삼배 올리옵고 깊이 감사드립니다. 나무관세음보살……
바라밀 합장.

DEDICATION

This book is dedicated to all those who are going through difficult times. Whether your pain is physical or mental, may this book bring you relief and offer you a new outlook on life.

Namo Bodhisattva Avalokitesvara/Guanyin

Miae Cho (Paramita: Buddhist name)

THANKS TO

I want to thank my family for all their love and support. Thanks to my son, Beom Jun Son, who continues to teach me the Sutra of Buddhism. Thanks to his wife Yujung and their two beautiful daughters, Angie and Alex, who constantly bring joy to my husband and me. A big hug goes out to my husband, Gene, and my dear friend Nicole Malo who assisted in the English translation. Their support made this book possible.

Special thanks to Hae Gak, who was the head priest at the Munsusa Temple in Boston for giving me the inspiration for this book.

In addition, Jin Lyang, the head priest of Bohyunsa Temple in Florida, was also a great help in finalizing this book. Thank you very much.

Last but not least, many thanks to Unjusa Publishing Company in Korea, the publisher of this book.

Going forward, I hope that everyone practices and recites the 42 Hands Mantras of Avalokitesvara, so that all their wishes come true, their pain disappears, and they receive many blessings.

Endless thanks to Bodhisattva Avalokitesvara/Guanyin

Miae Cho

조미애(바라밀)

성신여자대학교와 대학원에서 성악 전공으로 졸업한 후 2006~2010년 미국 보스턴미술관대학교와 메사츄세츠 미술대학 그리고 프랑스 파리 국립미술대학에서 미술을 공부했다. 그 후 미국과 프랑스, 모나코 등에서 10회의 개인전, 그리고 미국과 한국, 유럽에서 여러 아트쇼와 그룹전에 참여하는 등 활발하게 전시활동을 했다. 현재는 미국 플로리다에 거주하며 불교미술에 집중하고 있다.

관세음보살 42수주 진언 컬러링북

초판 1쇄 발행 2023년 7월 5일
초판 2쇄 발행 2023년 10월 30일

그림 조미애
펴낸이 김시열
펴낸곳 도서출판 운주사
       (02832) 서울시 성북구 동소문로 67-1 성심빌딩 3층
전화 (02) 926-8361 팩스 0505-115-8361
http://cafe.daum.net/unjubooks 〈다음카페: 도서출판 운주사〉
ISBN 978-89-5746-732-9 03650
값 14,000원

Miae Cho (Paramita)

Ms. Cho studied at The School of The Museum of Fine Arts as well as The Massachusetts College of Art, Boston. She also studied at 'Les Beaux-arts de Paris' l'ecole nationale superieure. Cours d'ete,'Painting' Paris, France. In addition, she has a Bachelor's and Master's degree in music/vocals from the University of Sungshin, Seoul, Korea. Solo Art exhibitions: Boston, Monaco, France, Germany and numerous group exhibitions throughout the world. To view Ms. Cho's art, please go to: miaechoart.com. She resides in Florida, USA

42 HANDS MANTRAS OF AVALOKITESVARA COLORING BOOK

First published: July 5, 2023
Second published: October 30, 2023

Drawn by Miae Cho

Published in Korea by Unjusa Publishers
F3, 67-1 Dongsomun-ro, Seongbuk-gu, Seoul, 02832,
Republic of Korea
Tel 82-2-926-8361

© Miae Cho

Price $15